Katharina Strohmeier

Wer ein E-Business gründet, muss manches beachten... Voraussetzungen und Fallstricke des Handels im Internet. Unter besonderer Berücksichtigung des Fallbeispiels eBay

GRIN Verlag

Bibliografische Information der Deutschen Nationalbibliothek:

Die Deutsche Bibliothek verzeichnet diese Publikation in der Deutschen National-
bibliografie; detaillierte bibliografische Daten sind im Internet über http://dnb.d-
nb.de/ abrufbar.

Impressum:

Copyright © 2003 GRIN Verlag GmbH
Druck und Bindung: Books on Demand GmbH, Norderstedt Germany
ISBN: 978-3-656-56290-0

Dieses Buch bei GRIN:

http://www.grin.com/de/e-book/20992/wer-ein-e-business-gruendet-muss-manches-
beachten-voraussetzungen-und

GRIN - Your knowledge has value

Der GRIN Verlag publiziert seit 1998 wissenschaftliche Arbeiten von Studenten, Hochschullehrern und anderen Akademikern als eBook und gedrucktes Buch. Die Verlagswebsite www.grin.com ist die ideale Plattform zur Veröffentlichung von Hausarbeiten, Abschlussarbeiten, wissenschaftlichen Aufsätzen, Dissertationen und Fachbüchern.

Besuchen Sie uns im Internet:

http://www.grin.com/

http://www.facebook.com/grincom

http://www.twitter.com/grin_com

Universität Potsdam – Institut für Informatik

PS Internetökonomie

Wer ein E-Business gründet,
muss manches beachten...

**Voraussetzungen und Fallstricke des Handels im Internet.
Unter besonderer Berücksichtigung des Fallbeispiels eBay.**

Katharina Strohmeier

Inhalt

Einleitung

Das Internet beeinflusst unser Leben heute wie kein anderes Medium je zuvor. Ein Essayist des Nachrichtenmagazins Spiegel stellte kürzlich fest: „Zehn Jahre nach der Erfindung des World Wide Web (WWW) haben die Basisinnovationen der New Economy unsere Alltagskultur verändert. Eine amerikanische Familie spart schon heute pro Jahr 4500 Dollar durch Online-Shopping."[1]

Hieß es nicht, der Neue Markt sei zusammengebrochen? An der Börse mag dies stimmen. „Der technologische Wandel von der Industrie- zur Mediengesellschaft lässt sich aber dadurch nicht aufhalten."[2] Mit pfiffigen Ideen lässt sich über die Verkaufsplattform E-Commerce also weiterhin gutes Geld im Netz verdienen. Um jedoch eine Geschäftsidee erfolgreich umzusetzen, braucht es mehr als nur einen graphisch anspruchsvollen Webauftritt. Wer im Internet handeln will, muss technische Voraussetzungen, Regeln und Gesetze beachten, ebenso, wie dies herkömmliche Firmen auch tun.

Diese Arbeit möchte jene Aspekte näher beleuchten, die bei der Gründung eines E-Commerce-Unternehmens bedacht werden müssen. Betrachtet werden sollen dabei zunächst mögliche Online-Geschäftsmodelle, dann die rechtlichen Grundlagen des Handels im Netz, wie Urheberrecht, Datenschutz, Preisangabenverordnung, Teledienste- und Fernabsatzgesetz und zuletzt technologische Fragen, wie Portale, Personalisierung, Shop- und Zahlungssysteme.

Diese Arbeit entstand im Rahmen eines Hauptseminars am Institut für Informatik der Universität Potsdam. Als solche kann sie selbstverständlich nicht alle angesprochenen Gesichtspunkte bis ins letzte Detail behandeln. Sie darf vor allem nicht als umfassendes Kompendium missverstanden werden. Vielmehr soll sie einen Eindruck davon verschaffen, welche Aspekte ein Unternehmer vor der Gründung eines Internetunternehmens zu beachten hat. Rein betriebswirtschaftliche Aspekte, wie Preisbildung und Vertrieb müssen in dieser Arbeit schon aus Platzgründen unberücksichtigt bleiben. Da sich diese Aspekte in Online-Handel und traditionellem Handel jedoch nicht wesentlich unterscheiden, sind sie vom Gesichtspunkt der Fragestellung aus betrachtet für diese Arbeit ohnehin uninteressant.

---

[1] WIPPERMANN, Peter, Warum die New Economy gewinnen wird, in: Der Spiegel, 14. Oktober 2003.
[2] Ebd.

Um dieses – zugegebenermaßen recht komplizierte – Thema etwas anschaulicher und verständlicher zu gestalten, wird eine Fallstudie in die Arbeit eingebaut. Betrachtet werden Geschichte, Aufbau und Funktion des bekannten und erfolgreichen Internet-Unternehmens eBay. Daher wird dieser Arbeit ein kurzer Abriss über die ereignisreiche Firmengeschichte dieses Online-Auktionshauses vorangestellt. Soweit möglich und opportun, sollen in den weiteren Kapiteln die angesprochenen Punkte zunächst allgemein eingeführt werden, bevor anhand des Beispiels eBay Probleme der Praxis thematisiert werden.

1. eBay – Ein bisschen Firmengeschichte

An dieser Seite eine detaillierte Firmengeschichte über eBay schreiben zu wollen, wäre vermessen. Zwar ist das Unternehmen erst acht Jahre alt, doch diese acht Jahre waren sehr ereignisreich. Wen die Details interessieren, der sei verwiesen auf Adam Cohens fantastisches Buch[3], in dem er hinter die

Das eBay-Firmenlogo,
Quelle: www.eBay.com

Kulissen der weißen Website mit dem bunten Schriftzug blickt. Ich beziehe mich bei dieser kurzen Darstellung in erster Linie auf dieses Buch.

eBay als Musterbeispiel für ein Internetunternehmen heranzuziehen, erscheint vor dem Gründungshintergrund betrachtet fast paradox. Denn man kann sagen, eBay sei rein zufällig ein Unternehmen geworden. Für den Gründer Pierre Omidyar war die Auktionsseite zu Anfang nur eine Fingerübung. Sie hieß noch nicht einmal eBay, sondern AuctionWeb. Als solche war sie eine Unterseite von Omidyars Site, die er ursprünglich EchoBay.com nennen wollte und sie dann, weil der Name bereits vergeben war, eBay.com nennen musste. Auf dieser Site standen bereits drei Internetauftritte. Ein Auftritt für das Biotech-Startup, für das seine Verlobte arbeitete, lief dort neben einer Infoseite für Ebola und der Seite einer Alumni-Gruppe aus San Francisco. Hinzu fügte Omidyar 1995 die Arbeit seines Labour-Day-Wochenendes: AuctionWeb, eine einfache Auktionsseite, auf der ganz normale Nutzer alltägliche Dinge verkaufen konnten.

Da Omidyar die Website als Hobby verstand, sollte der Dienst kostenlos angeboten werden. Erst als Omidyars Internetprovider Best ihm statt der bisherigen $ 30 pro Monat $ 250 in Rechnung stellte, weil seine Website nun als Unternehmensseite eingestuft wurde, begann er, um die Kosten zu decken, von den Nutzern Geld zu nehmen. Diese zahlten so bereitwillig, dass die Seite sehr bald mehr einbrachte, als sie kostete. Kurze Zeit später verdiente Omidyar mit AuctionWeb mehr als bei seinem regulären Job als Programmierer, so dass er diesen an den Nagel hängte, um sich ganz der Auktionsseite zu widmen.

Details über die Vision und die Funktionsweise von eBay werden im nächsten Kapitel erläutert, da sie einen wesentlichen Bestandteil des Firmenmodells ausmachen. Hier seien nur die Meilensteine der Unternehmensgeschichte erwähnt.

---

[3] COHEN, Adam, The Perfect Store. Inside Ebay, London 2002.

Für ein erfolgreiches E-Commerce-Unternehmen braucht es mehr als nur eine Website. Daher stellte Omidyar im August 1996 seinen ersten Mitarbeiter an: Jeff Skoll, einen MBA-Absolventen des Jahres 1995. Die beiden verwandelten AuctionWeb in ein Unternehmen.

Dieses Unternehmen boomte[4]. Bereits im Mai 1997 wurde die 1.000.000ste Auktion auf der Seite eingestellt. Zu diesem Zeitpunkt war die Auktionsseite längst die Hauptseite in Omidyars Webspace und firmierte unter dem Namen eBay.com. Im September des gleichen Jahres zählte eBay bereits 200.000 Mitglieder. Die Mitgliederzahl explodierte bis zum Oktober des folgenden Jahres auf 1,2 Millionen.

Im März 1998 wurde mit Meg Whitman ein weiterer Steuermann ins Boot geholt. Sie fungierte künftig als „Chief Executive Officer" und „President" von eBay. Unter ihrer Führung ging das Unternehmen im folgenden September an die Börse.

Kurz darauf, im Februar, begann die deutsche eBay-Geschichte. Die Brüder Marc, Oliver und Alexander Samwer gründeten mit Unterstützung von Jörg Rheinboldt, Karel Dörner und Max Finger die alando.de AG. Das Unternehmen etablierte sich schnell als führende deutsche Auktionsplattform und fusionierte im Juni 1999 mit eBay. Im Februar 2000 übernahm Philipp Justus, zuvor Unternehmensberater und Recruiting Director bei der Boston Consulting Group in München, die Leitung von eBay Deutschland.

EBay stellt weiterhin Rekorde auf. Der teuerste Artikel, der je über die Plattform den Besitzer wechselte, wurde im August 2001 versteigert: Ein Privat-Jet vom Typ Gulfstream II erzielte $ 4,9 Millionen. Heute hat eBay weltweit 85,5 Millionen registrierte Nutzer. Im dritten Quartal des Jahres 2003 wurden auf der Seite Waren und Dienstleistungen im Wert von $ 5,8 Milliarden angeboten und erworben. 235 Millionen Artikel wurden in diesem Zeitraum bei eBay zum Verkauf angeboten. EBay betreibt rund um den Globus länderspezifische Niederlassungen.

---

[4] Die Details des folgenden Abrisses sind einem Institutsportrait entnommen, das mir unter dem Titel eBay-Meilensteine von der deutschen Pressestelle des Unternehmens zur Verfügung gestellt wurde.

2. Wie bringe ich's an den Mann? – Geschäftsmodelle für das Internet

eBay ist eine Ausnahmeerscheinung im WWW. Zudem profitiert es noch heute vom frühen Start, als das Internet noch vor allem von „Techies" frequentiert wurde. So konnte das Unternehmen frühzeitig eine breite Kundenbasis aufbauen, von der es heute profitiert.

Wer in unseren Tagen ein Geschäft im Netz eröffnen will, braucht eine solidere Grundlage. Dazu gehört zuerst ein wohldurchdachtes Geschäftsmodell.

2.1 Geschäftsmodelle für das World Wide Web im Allgemeinen

Per Definitionem nach Wirtz/Kleinicken bestimmen Geschäftsmodelle, welche Ressourcen in ein Unternehmen fließen und wie diese innerhalb des Betriebs in vermarktbare Produkte und Leistungen transformiert werden[5]. Kurz gesagt, machen sie Aussagen darüber, auf welche Weise Unternehmen ihr Geld verdienen, wobei die Frage nach dem Erlösgewinn (Erlösmodell) und Ressourceneinsatz (Kostenmodell) im Mittelpunkt stehen.

Für das Internet unterscheidet man mindestens acht theoretische Geschäftsmodelle[6]. In der Praxis existieren jedoch nur wenige Unternehmen, die sich exakt einem einzigen dieser Modelle zuordnen lassen. Die meisten kombinieren Teilaspekte verschiedener Modelle. Die verschiedenen Modelle werden im Folgenden einzeln vorgestellt.

Eine Bemerkung vorweg: Ein Großteil der Online-Geschäftsmodelle finanziert sich durch Bannerwerbung. Dabei muss jedoch bedacht werden, dass der Werbemarkt in den letzten Jahren radikal eingebrochen ist. Nur erfolgreiche Sites mit einer hohen Klickrate werden prominente Firmen mit umfangreichem Werbebudget als Kunden gewinnen können. Eine gleichmäßig hohe Klickrate lässt sich am besten durch einen festen Kundenstamm sicherstellen. Online-Kunden zeichnen sich jedoch durch eine hohe Wechselbereitschaft aus. Kundenbindung ist für Online-Unternehmen daher besonders schwierig.

---

[5] Vgl. www.kecos.de, Glossar, Stichwort: Geschäftsmodelle.
[6] Vgl. Aufsatz „Online-Geschäftsmodelle. Besonderheiten und Versuch einer Einteilung.", in: www.onlinemarketer.de.

2.1.1 Content-Sites

Der Begriff „Content-basiertes Internet-Geschäftsmodell" ist streng genommen nur ein Oberbegriff, der eine Reihe von Online-Geschäftsmodellen zusammenfasst. Dazu gehören Navigatoren ebenso wie Abo-Sites oder Seiten, die Programmdownloads anbieten. Content-Sites bieten Nutzern informative, unterhaltende oder bildende Inhalte verschiedenster Couleur.

Der Großteil der Content-basierten Sites bietet seine Produkte nach wie vor kostenlos an, muss sich also über Werbung finanzieren. Insofern ist es für solche Sites – wie bereits beschrieben, besonders wichtig, hohe Nutzerzahlen zu erzielen. Denn je höher die Klickzahl einer Seite, desto höhere Preise können beispielsweise für Bannerwerbung verlangt werden.

Mehr und mehr zeichnet sich jedoch ab, dass Inhalte in Zukunft gegen Gebühr vertrieben werden. Bisher beschränkt sich die Zahlungsbereitschaft der Nutzer jedoch auf wenige ausgewählte Bereiche. „Die Bereitschaft zur Bezahlung ist [...] vor allem bei hochwertigen Informationen und Nachrichten, für E-Learning-Angebote, für die Online-Nutzung von Software sowie für den Download von Filmen, Bildern, Musik und Sounds gegeben."[7] Im Folgenden werden zunächst die verschiedenen Typen von Content-Sites beschrieben.

2.1.2 Navigatoren

Suchmaschinen wie Yahoo können betrachtet werden als eine Unterart der Content-Sites. Ihre Funktion ist „das Bündeln und Kanalisieren von Besucherströmen."[8] Folglich dirigieren Navigatoren Aufmerksamkeit. Diese Aufmerksamkeit lässt sich wiederum gewinnbringend vermarkten, in erster Linie in Form von Werbeschaltungen.

2.1.3 Abo-Sites

Abo-Seiten vertreiben im Allgemeinen Informationsdienstleistungen. Paradebeispiele für solche Auftritte sind die Online-Angebote verschiedenster Zeitungen und Zeitschriften, wie www.faz.de oder www.spiegel.de. Diese bieten vor allem Archivrecherchen mittlerweile großteils gegen Gebühr an. Solche Angebote kämpfen allerdings nach wie vor mit großen Akzeptanzproblemen. Jeder Betreiber von Abo-Seiten

---

[7] Vgl. www.kecos.de, Glossar, Stichwort: Content-basierte Geschäftsmodelle im Internet.
[8] Vgl. Aufsatz „Online-Geschäftsmodelle. Besonderheiten und Versuch einer Einteilung.", in: www.onlinemarketer.de.

muss daher „einen sehr deutlichen Mehrwert bieten, um seine Leistungen bepreisen zu können.“[9]

2.1.4 Virtual Communities

Bei diesem Geschäftsmodell werden bereits etablierte Internet-Gemeinschaften graduell kommerzialisiert. Internet-Gemeinschaften gründen sich meist aufgrund gemeinsamer Interessen oder um bestimmte Themen zu diskutieren. Wenn sich eine Community-Site etabliert hat, wird sie beispielsweise mit Bannerwerbung versehen. Auch gewonnene Nutzerdaten können vermarktet werden. Hierbei müssen jedoch Datenschutz-Regelungen beachtet werden. Da sich Communities wie gesagt auf gemeinsame Interessen gründen, kann Werbung sehr einfach für eine große Nutzergruppe abgestimmt werden.

Penetrante Kommerzialisierung kann sich allerdings negativ auf den Besucherverkehr einer Site auswirken. Virtuelle Gemeinschaften dürfen daher nicht als Goldesel betrachtet werden.

2.1.5 E-Commerce Sites

Rein logisch betrachtet, sollte man annehmen, E-Commerce Sites müssten zu den am besten funktionierenden Internet-Geschäftsmodellen zählen. Stellen sie doch nichts anderes dar als die nächste Generation des Versandhandels, welcher seit langem etabliert und akzeptiert ist. E-Commerce-Unternehmen betreiben gewissermaßen „Abverkauf von Waren über das Netz“[10]. Ein erfolgreiches Beispiel für ein solches Unternehmen ist das Versandhaus Amazon.

E-Commerce Unternehmen kämpfen jedoch mit einem besonderen Problem: dem fehlenden Vertrauen vieler Kunden[11] in den Online-Handel. User begegnen dem Online-Einkauf nach wie vor vorsichtiger als dem herkömmlichen Versand. So kommt es, dass bekannte Marken wie Quelle oder Karstadt auch im Internet erfolgreich handeln können, während sich reine Internet-Unternehmen schwer tun, einen Markennamen aufzubauen. Die größte Akzeptanz genießen meines Erachtens die Unternehmen der „ersten Stunde“, die Pioniere des Online-Handels, die sich von Anfang an

---

[9] Aufsatz „Online-Geschäftsmodelle. Besonderheiten und Versuch einer Einteilung.“, in: www.onlinemarketer.de.
[10] Ebd.
[11] Vgl. Ebd.

einen festen Platz im Online-Geschäft sichern konnten. Zu diesen ist wiederum auch Amazon zu zählen.

Eine weitere Schwierigkeit ist die große Preistransparenz im Netz. Der Kunde hat es einfach, Preise schnell und umfassend zu vergleichen, was es erforderlich macht, angebotene Waren moderat zu bepreisen.

2.1.6 Elektronische Auktionen

Auktionshäuser im Internet gehören zu den erfolgreichsten und gleichzeitig zu den wenigen Online-Unternehmungen, die sich theoretisch ohne Werbung finanzieren könnten. Sie stellen lediglich technische Plattformen für Auktionen bereit, die Auktionen selbst werden von den Nutzern untereinander vorgenommen. Für die Bereitstellung der Plattform kann der Anbieter Vermittlungsgebühren verlangen, meist eine Einstellgebühr oder einen bestimmten Prozentsatz des Enderlöses.

2.1.7 Elektronische Marktplätze

Die wenigsten „gemeinen Internetnutzer" kommen mit elektronischen Marktplätzen in Berührung, da die meisten elektronischen Marktplätze in der Form „Business to Business", kurz „B2B", also zwischen Unternehmen betrieben werden. Sie dienen als virtuelle Einkaufsplätze für Firmen. „Der Betreiber eines elektronischen Marktplatzes organisiert mitwirkende Unternehmen, die ihre Waren auf dem Marktplatz feilbieten."[12] Für solche Organisationsarbeiten können wiederum, ähnlich wie bei den elektronischen Auktionen, Gebühren verlangt werden. Die Bereitschaft der Nutzer, für solche Dienste zu bezahlen, ist im Gegenteil zu z.B. Abo-Diensten, recht hoch.

Im B2C-Bereich, also Business to Customer, ist der virtuelle Marktplatz einem traditionellen recht ähnlich. Der Kunde hat den direkten Preisvergleich, was die Preistransparenz erheblich erhöht.

2.1.8 Datensammler und –verwerter

Bei fast jeder kommerziellen Website fallen Nutzerdaten an, die sich gewinnbringend verwerten lassen. Hinzu kommen beispielsweise Meinungsforschungs-Sites, deren einzige Aufgabe das Zusammenstellen und Kategorisieren von Userdaten ist. Im Rahmen von Datenschutzbestimmungen können solche Daten zu Marketingzwe-

---

[12] Aufsatz „Online-Geschäftsmodelle. Besonderheiten und Versuch einer Einteilung.", in: www.onlinemarketer.de.

cken vor allem an Unternehmen verkauft werden. Dabei muss jedoch besondere Vorsicht angewandt werden, denn „mit jeder unnötigen und verfehlten Datennutzung verlieren die Daten an Wert"[13].

2.2 Das Ebay-Geschäftsmodell

Bei eBay verbinden sich Flohmarkt und zukunftsweisende Technologie. Der traditionelle Handel von Person zu Person wird vereinfacht und globalisiert. Wer früher Jahre brauchte, um ein Spielzeug aus seiner Jugend oder ein seltenes Buch über Antiquariate oder Auktionshäuser zu finden, kann nun innerhalb kurzer Zeit und bequem von zu Hause aus fündig werden.

EBay-Fans lieben und loben besonders den Nervenkitzel, der bei einer solchen Auktion entsteht. Die letzten Sekunden vor Ablauf jeder Auktion sind wohl die spannendsten. Hat man genug geboten? Und rechtzeitig? So verbindet sich Einkauf zu vernünftigen Preisen mit einem gewissen „Jäger- und Sammler-Feeling", den reguläre E-Commerce-Einkäufe nicht bieten können.

Diesen Spaß lässt sich eBay von den Händlern bezahlen. Während Suchen und Bieten bei eBay kostenlos ist, werden von den Anbietern zwei Gebühren verlangt. Für das Anbieten an sich wird eine Einstellgebühr gefordert. Sie wird auf jeden Fall fällig, ist nicht erstattungsfähig und liegt – abhängig vom Startpreis – in Deutschland zwischen € 0,25 und € 4,80. Für besondere Einstelloptionen, wie hervorgehobene Schrift oder extragroße Fotos, werden zusätzliche Einstellgebühren fällig. Nach Ende der Auktion wird eine Provision fällig, die zwischen fünf und zwei Prozent des Endpreises liegt, wiederum abhängig von dem Preis, den das Produkt erzielt hat[14]. Eine besondere Gebührenordnung gilt für Automobile, Motorräder, Spezielle Fahrzeuge, Boote und Flugzeuge.

Im Gegenzug für diese Gebühren erhält der Einsteller Angebotsfläche auf dem eBay-Server und ein ausgefeiltes Kategorisierungssystem, in das er sein Produkt einreihen kann, so dass es gut auffindbar ist. Außerdem werden sowohl er als auch seine Bieter per E-Mail über den Verlauf der Auktion auf dem Laufenden gehalten.

Der eigentliche Verkaufsprozess findet dann jedoch unabhängig von eBay statt. Der Meistbietende lässt dem Verkäufer den Gebotspreis – in der Regel per Überweisung – zukommen, dieser verschickt daraufhin seine Ware. Damit spart eBay die infra-

---

[13] Aufsatz „Online-Geschäftsmodelle. Besonderheiten und Versuch einer Einteilung.", in: www.onlinemarketer.de.
[14] Vgl. eBay-Gebührenordnung, in: http://pages.ebay.de/help/sell/fees.html.

strukturellen Kosten, die normalerweise mit Versandhandel einhergehen. Weder Lager- noch Versandkosten hat das Unternehmen zu tragen, „Ladenhüter" fallen erst gar nicht an.

Aus diesem Grund müsste eBay eigentlich eine Reihe von Konkurrenten im Netz fürchten. Alles, was es braucht, um ein Online-Auktionsunternehmen zu führen, ist eine Website mit ausreichend großem Serverplatz für die Angebote. Tatsächlich gibt es deutschlandweit fast keine Online-Auktionshäuser, die soviel Publikum anziehen wie eBay. Hier zehrt das Unternehmen sicher von dem Vorteil, eins der ersten seiner Art im Netz gewesen zu sein und daher über eine breite Kundenbasis zu verfügen.

Doch der wichtigste Schlüssel zum Erfolg von eBay heißt Vertrauen. Das gesamte Geschäftsmodell des Unternehmens beruht auf der optimistischen, fast naiven Weltsicht seines Gründers. Mit eBay hat Omidyar eine frühe Vision über das Internet umgesetzt. Mitte der 90er beobachtete er rund um sich herum die Abgründe der Wirtschaftskorruption: „Omidyar believed in market capitalism, but he was troubled by the gap between theory and praxis. Financial markets were supposed to be free and open, but everywhere he looked he saw well-connected insiders profiting from information and access that were denied to ordinary people.

It occurred to him that the Internet could solve this problem by creating something that had never existed outside of the realm of economics textbooks: a perfect market."[15] Solch einen perfekten Markt sollte Omidyars Auktionsseite darstellen. Seine Idee war einfach: Bringe Individuen zusammen und gib ihnen die Möglichkeit, durch Angebot und Nachfrage den Preis zu bestimmen, der ihnen ein Produkt wert ist.

Doch Omidyars Vision ging noch wesentlich weiter. Er wollte nicht nur einen Marktplatz, sondern eine Webgemeinschaft schaffen. „Omidyar wanted his corner of cyberspace to be a place where people made real connections with each other, and where a social contract prevailed."[16] Aus diesem, aber auch aus praktischen Gründen, verfügte bereits AuctionWeb über Foren und Message Boards. „He had, he admitted, encouraged community on the site in part for purely practical reasons. As eBay gained popularity, so many buyers and sellers came that he could not possibly answer all of their questions about how to use the site. By including their e-mail addresses, Omidyar allowed users to communicate directly among themselves to solve

---

[15] COHEN, Adam, The Perfect Store. Inside Ebay, London 2002, S. 6.
[16] COHEN, Adam, The Perfect Store. Inside Ebay, London 2002, S. 8.

each others' problems."[17] Eines der ersten Foren, das „eBay Café", findet sich noch heute auf der amerikanischen eBay-Website[18].

Für viele langjährige „Intensivnutzer" ist eBay mittlerweile weit mehr als nur ein Handelsplatz. Hier wird gechattet, hier werden Freundschaften geschlossen, die zum Teil bis ins wirkliche Leben reichen. Sicher ist auch dies ein Grund für den anhaltenden Erfolg von eBay. Seine Nutzer fühlen sich bei eBay wohl. So ist es legitim, zu schlussfolgern: „Omidyar's idealism is the paradox at the heart of eBay. The very things he did to make his site less corporate were, in the end, what made it the most successful business on the internet."[19]

Die Gemeinschaft ist es letztens auch, die kontrolliert, dass auf der Seite kein Missbrauch getrieben wird. Denn wo Erfolg ist, werden auch Kriminelle angezogen. „Große und kleine schwarze Schafe können der Versuchung nicht widerstehen, in der vermeintlichen Anonymität des Web Ebay-Anfänger übers Ohr zu hauen."[20] Um diese schwarzen Schafe zu kontrollieren, wurde bereits 1996 das Bewertungssystem eingeführt, mit dem sich Nutzer gegenseitig vor Betrügern und schlechten Handelspartnern warnen. Positive, negative und neutrale Bewertungen werden dabei addiert, und je höher ein Händler bepunktet ist, desto einfacher kann er seine Waren verkaufen.

Dies führt jedoch zu zweierlei Problemen. Zum einen ist das System nicht „foolproof". Wer wegen zu vieler schlechter Bewertungen nichts mehr absetzt, kann versuchen, sich unter einem anderen Namen neu anzumelden. Außerdem gab es bereits Fälle von Verkäufern, die erst reichlich positive Bewertungen sammelten, um dann Betrug zu treiben. Derartig Kriminelle werden vor Gericht mit harten Strafen belegt[21].

Umgekehrt musste eBay inzwischen einen gesonderten Support einrichten, für Kunden, die unter ungerechtfertigten schlechten Bewertungen litten, mit denen Bieter ihrem Frust etwa über verlorene Auktionen Luft machten.

Soviel zum Erfolgsfaktor Vertrauen. Ein weiterer Faktor muss außerdem noch betrachtet werden. EBay ist bereit, sich verschiedenen Kundengruppen zu öffnen. Neben den Nutzern, die in der Freizeit ihr überflüssiges Gerümpel bei eBay versteigern, handeln immer mehr professionelle Händler bei eBay. Es wird geschätzt, dass sich in

---

[17] COHEN, Adam, The Perfect Store. Inside Ebay, London 2002, S. 7.
[18] www.ebay.com.
[19] COHEN, Adam, The Perfect Store. Inside Ebay, London 2002, S. 8.
[20] LIEDTKE, Dirk , Der eBay-Hammer, in: Stern, 28. Mai 2003.
[21] Vgl. Ebd.

Deutschland mittlerweile rund 10.000 Menschen ihren Lebensunterhalt bei eBay verdienen[22]. Manch einer von ihnen hat beispielsweise einen traditionellen Laden aufgegeben, um seine Waren ausschließlich über das Internet zu verkaufen. Besonders für diese Händler, die so genannten „Powerseller" hat eBay im November die „Sofort Kaufen"-Option eingeführt. Unter dieser Option können Waren zu einem Festpreis angeboten werden. 27 Prozent aller Waren werden heute über diese Option verkauft[23]. Ein weiteres Feature für professionelle Händler folgte im Juni 2001 mit der Einführung der „eBay Stores". Damit erhielten Verkäufer bei eBay die Möglichkeit, ein eigenes virtuelles Ladengeschäft zu eröffnen. Die Einführung in Deutschland unter der Bezeichnung „eBay Shops" erfolgte im Oktober 2001.

Dennoch betont eBay, dass 95 Prozent seiner User noch immer Privatpersonen und kleine Händler sind. „Die großen Hersteller und Händler haben bisher nur einen kleinen Anteil am Transaktionsvolumen. ‚Der Anteil dieser professionellen Händler wächst aber', sagte [Philipp] Justus. Der Verkauf bei Ebay ist für diese Händler lukrativ, denn nirgendwo sonst tummeln sich so viele Käufer."[24] Unternehmen wie Quelle testen bereits die Verkaufsplattform eBay. Weitere werden wohl folgen.

Zuletzt sei noch erwähnt, dass eBay inzwischen auch einen kleinen „Handel in eigener Sache" betreibt. Die wachsende Fangemeinde machte es möglich, dass eBay Merchandise-Artikel absetzen kann. Dazu gehören T-Shirts, Büroartikel, Bücher über eBay, aber auch – zumindest derzeit – ein 3-D-Scansystem.

---

[22] Vgl. SCHMIDT, Holger, Ebay ist Arbeitgeber für über 10.000 Menschen, in: Frankfurter Allgemeine Zeitung, 18. August 2003.
[23] Vgl. Ebd.
[24] Ebd.

3. Recht und Unrecht im Internet – Oder: Wer haftet für was?

Mit der Entscheidung für das eine oder andere Geschäftsmodell ist der erste Schritt zum erfolgreichen Online-Unternehmen getan. Bei Gründung und Umsetzung der Unternehmensidee müssen allerdings eine Reihe weiterer Faktoren berücksichtig werden, die vor allem technischer Natur sind. Dazu in den nächsten Kapiteln mehr. Doch zunächst soll das Recht betrachtet werden, das erhebliche Stolperfallen schaffen kann. Dieses Kapitel befasst sich daher mit der Frage nach rechtlichen Bestimmungen, die bei Gründung und Betrieb eines Online-Unternehmens unbedingt beachtet werden müssen. Konflikte mit dem Gesetz können entstehen bei der Anbieterkennzeichnung, bei der Wahl des Domainnamens, beim Datenschutz, den Allgemeinen Geschäftsbedingungen, die jedes Internet-Unternehmen aufstellen muss, bei der Belehrung über Widerrufs- und Rückgaberechte und der Preisangabenverordnung[25]. Da die Herausgabe allgemeiner Geschäftsbedingungen für den Abschluss jeglicher Verträge nicht nur im Online-Handel, sondern bei jeder Form des Handels verlangt wird, sollen sie hier aus Platzgründen vernachlässigt werden.

3.1 Das Teledienstegesetz

Eins der wohl wichtigsten Gesetze für den Online-Handel in Deutschland ist das Teledienstegesetz[26]. Es regelt den Umgang mit Informationen bei Telediensten. Seine Aufgabe ist es, „einheitliche wirtschaftliche Rahmenbedingungen für die verschiedenen Nutzungsmöglichkeiten der elektronischen Informations- und Kommunikationsdienste zu schaffen."[27] Unter dieses Gesetz fallen besonders Informationsangebote wie Wetter-, Verkehrs-, Umwelt- und Börsendaten, Angebote der Individualkommunikation, wie Telebanking oder Datenaustausch, Internetprovider, Telespiele, Angebote von Waren und Dienstleistungen in elektronisch abrufbaren Datenbanken mit interaktivem Zugriff und unmittelbarer Bestellmöglichkeit. Informationsgebiete von Presse und Rundfunk werden explizit aus dem Gesetz ausgenommen. Für sie gelten der Rundfunkstaatsvertrag und die Pressegesetze.

Ausdrücklich wird jedoch betont, dass zwar jeder in Deutschland niedergelassene Anbieter der deutschen Rechtssprechung unterliegt, auch wenn er seinen Absatz im

---

[25] Vgl. http://www.internetrecht-rostock.de/checkliste.htm.
[26] Gesetzestext unter: http://www.versandhandelsrecht.de/index.php?url=gesetze&gl[gesetzid]=15.
[27] Zitat aus dem Gesetzestext nach: Ebd.

Ausland tätigt. Umgekehrt werden jedoch die Angebote von Anbietern mit Niederlassung in anderen Ländern, in denen die EU-Richtlinie 2000/31/EG gilt – diese regelt bestimmte rechtliche Aspekte der Dienste der Informationsgesellschaft, insbesondere des elektronischen Geschäftsverkehrs, im Binnenmarkt –, nicht eingeschränkt, es sei denn, diese gefährden die öffentliche Ordnung, Sicherheit oder Gesundheit.

Eine wichtige Regelung besagt, dass Teledienste im Rahmen der Gesetze zulassungs- und anmeldefrei sind. Doch wer sich auf eine Internetseite klickt, hat das Recht, zu erfahren, mit wem er es zu tun hat. Daher sind die Anbieter verpflichtet, ihre Identität auf der eigenen Website leicht erkennbar, unmittelbar erreichbar und ständig verfügbar zu halten. Dies geschieht im Rahmen der Anbieterkennung. Die Informationspflichten entsprechen im Großen und Ganzen denen des Offline-Handels[28]. Angegeben werden müssen Name und Anschrift des Unternehmens und ggf. der gesetzlichen Vertretungsberechtigten (z. B. der Geschäftsführer). Dies sind die wichtigsten Informationen, die auf einer kommerziellen Websiteverlangt werden. Wer sie vorsätzlich oder fahrlässig nicht, nicht richtig oder nicht vollständig verfügbar macht, kann mit einer Geldbuße von bis zu 50.000 Euro bestraft werden. Des Weiteren werden Telefon- und Telefaxnummer sowie die E-Mail-Adresse des Unternehmens verlangt. Falls die ausgeübte Tätigkeit einer behördlichen Zulassung bedarf, muss die Aufsichtsbehörde (z. B. die zuständigen Gewerbeaufsichtsämter) angegeben werden. Dazu das Handelsregister, Vereinsregister, Partnerschaftsregister oder Genossenschaftsregister, in das das Unternehmen eingetragen ist, und die entsprechende Registernummer. Gegebenenfalls muss auch die Kammer, der der Diensteanbieter angehört, seine gesetzliche Berufsbezeichnung und der Staat, in dem die Berufsbezeichnung verliehen worden ist, angegeben werden. Bei besonders geregelten Berufen, wie Rechtsanwälten, Architekten und Steuerberatern gehören auch die berufsrechtlichen Regelungen auf die Website. Zu guter Letzt kommt noch – soweit vom Bundesamt für Finanzen erteilt – die Umsatzsteueridentifikationsnummer nach § 27 a Umsatzsteuergesetz hinzu.

Weiterhin regelt das Teledienstegesetz den Umgang mit fremden Informationen, z.B. bei Links. Diesbezüglich ist seine wichtigste Aussage, dass Anbieter für Informationen, zu denen sie den Zugang vermitteln – z.B. in Form von Links – nicht verant-

---

[28] Zum folgenden Abschnitt vergleiche: Rechtsfragen beim E-Business, in: e-facts. Informationen zum E-Business, hrg. vom Bundesministerium für Wirtschaft und Technolgie, Ausgabe 9/ Februar 2002, S. 3.

wortlich gemacht werden können, sofern sie die Übermittlung nicht veranlasst, den Adressaten der übermittelten Informationen nicht ausgewählt und die übermittelten Informationen nicht ausgewählt oder verändert haben. Das heißt, wer einen Link anbietet, ist für dessen Inhalt nicht verantwortlich – denn er zwingt den Nutzer nicht, auf diesen Link zu klicken und sich damit weiterleiten zu lassen. Nur wer eine automatische Weiterleitung an einen Link einrichtet, kann für dessen Inhalte haftbar gemacht werden.

Sobald dem Anbieter aber bekannt ist, dass auf einem seiner Links rechtswidrige Inhalte, wie z.B. Kinderpornographie, angeboten werden, ist er verpflichtet, diesen Link zu sperren. Insofern ist es ratsam, per Disclaimer eine Haftung für die Inhalte verlinkter Seiten von vornherein auszuschließen.

3.2 Urheberrecht

Rechtliche Fallstricke lauern beim Online-Handel bereits weit vor dem ersten Kundenkontakt. Schon die Gestaltung der Firmenwebsite kann Probleme bereiten, wenn dabei Urheberrechte verletzt werden. Das Layout, Links auf andere Seiten sowie die Einbindung fremder Software oder von Datenbanken kann Urheberrechte verletzen. Rechtsexperten sind sich einig: „Das Wesen des Netzes liegt zwar im kostenlosen Abruf von Informationen, was aber nicht heißt, daß fremde Inhalte kurzerhand auf die eigene Website übernommen werden dürfen.“[29]

Der erste Paragraph des deutschen Urheberrechtsgesetzes (UrhG) bestimmt: „Die Urheber von Werken der Literatur, Wissenschaft und Kunst genießen für ihre Werke Schutz nach Maßgabe dieses Gesetzes.“[30] Soll heißen: Wer ein Werk, im Sinne des Gesetzes eine persönliche Schöpfung der Gebiete Sprachwerke (Schriftwerke, Reden, Computerprogramme), Musik, Pantomime oder Tanzkunst, Licht- und Filmwerke sowie wissenschaftliche oder technische Darstellungen, erstellt oder verfasst, besitzt das alleinige Verfügungsrecht an dem von ihm Geschaffenen. Er hat das Recht, sich an Nutzungen, gleich welcher Art, wirtschaftlich beteiligen zu lassen und bei Fremdnutzung Urheberrechtsvermerke zu verlangen. Dieses Recht kann selbstverständlich bei Bedarf eingeklagt werden.

Doch welche Werke schützt das Urheberrecht? „Voraussetzung für die Schutzfähigkeit ist, daß sich das Werk durch die individuelle Eigenart von alltäglichen Produkten

[29] http://www.onlinemarketer.de/know-how/hintergrund/urheberrecht.htm.
[30] Zitat aus dem Gesetzestext nach: http://www.urheberrecht.org/law/normen/urhg/2003-09-13/text/bgbl_I_1774_01_01_p1-1.php.

geistiger Tätigkeiten abhebt. Dazu gehört, daß es sich um ein Original handelt, das von menschlicher Hand geschaffen wurde. Es darf nicht von trivialer Natur sein und muß auch einen gewissen Umfang vorweisen."[31] Nicht jeder kurze Text und jeder rote Streifen am Rande einer Seite ist damit schutzfähig.

Dennoch: Wer in seine Website Inhalte einbinden will, die er nicht selbst erstellt hat, sollte sich vorsehen: Vor der Verwendung fremder Texte, Bilder, Videos, Töne oder Softwareprogramme muss das Nutzungsrecht erworben werden. Ansonsten drohen kostspielige Gerichtsprozesse. Das Nutzungsrecht muss in der Regel direkt beim Urheber eingeholt werden. Er allein verfügt über „das Veröffentlichungsrecht, das Entstellungs- und Änderungsrecht, das Recht der körperlichen Verwertung, das Vervielfältigungsrecht, das Verbreitungsrecht, das Ausstellungsrecht, das Umgestaltungsrecht sowie das Recht der öffentlichen Wiedergabe"[32] Zwar gibt es für sämtliche Arten von Werken so genannte Verwertungsgesellschaften, kurz VGs, die die Rechte von Urhebern verwalten und hüten. Die bekanntesten Beispiele für solche sind die Textverwertungsgesellschaft VG Wort und die GEMA, die Hüter der Musik. Doch sie haben in der Regel nicht die Verfügungsgewalt, Nutzungsrechte zu erteilen. Herauszufinden, wer für die Erteilung zuständig ist, kann einige Mühe kosten. Die Rechte an CDs haben meist die Tonträgerhersteller inne, Text- und Fotorechte dagegen die Urheber selbst. Teilweise vergeben aber auch Verlage, Bildagenturen oder Zeitungen – sofern diese Fotos für bestimmte Reportagen haben erstellen lassen – Bildrechte. Filmrechte liegen wiederum bei den Produzenten[33].

Selbst wer das allgemeine Nutzungsrecht an einem Werk besitzt, kann damit noch nicht beliebig umspringen. Kürzungen oder Änderungen bedürfen der Zustimmung des Urhebers. Auch der Kontext, in den ein Werk eingebunden wird, kann Probleme bereiten. Gerade bei Verträgen, die vor 1990 geschlossen wurden, muss außerdem beachtet werden, dass das allgemeine Nutzungsrecht nicht notwendigerweise die Verwendung im Internet einschließt. Dies hatte damals noch nicht die Relevanz und Verbreitung, dass die Gewährung von Rechten diesbezüglich möglich gewesen wäre[34].

Besondere Bedeutung kommt dem Schutz von Softwareprogrammen und Datenbanken im Internet zu. Der Schutz von Programmen ist zwar schon seit 1993 ausdrück-

---

[31] http://www.onlinemarketer.de/know-how/hintergrund/urheberrecht.htm.
[32] Vgl. Ebd.
[33] Vgl. Ebd.
[34] Vgl. Ebd.

lich im Urhebergesetz geregelt (§§ 69 ff. UrhG), Datenbanken werden aber erst seit 1998 geschützt. Dies stellt einen wichtigen Schritt im Datenschutz dar, wenn man bedenkt, dass heute kaum ein E-Commerce Unternehmen ohne Datenbankangebote auskommt[35]. Urheberrechtsverletzungen liegen in diesem Fall in der Praxis zumeist dann vor, wenn ein Anbieter auf seiner Website den Zugriff auf fremde Datenbanken (z.B. Flugdatenbanken) ermöglicht.

Nicht direkt dem Urheberrecht, aber dem Namens- oder Firmenrecht unterliegen Domainnamen. Ein griffiger Domain-Name ist eine Grundvoraussetzung, um sich im Handel überhaupt und im Internet insbesondere „einen Namen zu machen". Vor der Wahl eines Domainnamens sollte aber sichergestellt werden, dass dessen Verwendung keine Rechte Dritter verletzt. „Dies gilt zum einen für bestehende Namens- oder Firmenrechte, wie auch für geographische Ortsbezeichnungen oder die Verwendungen von geschützten Markenbezeichnungen."[36]

3.3 Datenschutz

Gegenüber dem herkömmlichen Handel bietet das Internet für Gewerbetreibende verlockende Marketing-Möglichkeiten. So ist es z.B. theoretisch sehr einfach, mit Hilfe der Internet-Provider Kunden-Stammdaten wie Name, Alter und Adresse mit Klickstreams zu verbinden, das heißt, zu verfolgen, welche Seiten welcher Nutzer bevorzugt besucht. Dem Umfang solcher Tätigkeiten sind heute scheinbar keine Grenzen gesetzt: „Hat früher bereits die Speicherung von Daten, sei es auf dem Papier oder im Computer, bereits Mühe und Raum gekostet, und entstand dadurch eine natürliche Barriere zum unbegrenzten Datensammeln, bestehen nunmehr keinerlei Hindernisse mehr, alles über jeden zu sammeln, wie erforderlich dies auch sein mag. Auch Sammlungen, die ohnehin vorhanden sind (zum Beispiel die kaufmännische Buchführung über Einkäufe und Bestellungen) können ohne jede Schwierigkeit sekundären Nutzungen zugeführt werden (Verwendung für eigene oder fremde Werbung, Überwachung des Personals und so weiter)."[37] Auf diese Weise entstehen detaillierte Nutzerprofile, die im Marketing von unschätzbarem Wert sind, da sie ermöglichen, dem Nutzer genau jene Werbung zukommen zu lassen, die zu seinen

---

[35] Vgl. http://www.onlinemarketer.de/know-how/hintergrund/urheberrecht.htm.
[36] http://www.internetrecht-rostock.de/checkliste.htm.
[37] GARSTKA, Hansjürgen, Informationelle Selbstbestimmung und Datenschutz. Das Recht auf Privatsphäre, in: Schulzki-Haddouti [Hrg.], Bürgerrechte im Netz, Bonn 2003, S. 48-70, hier: S. 51.

Interessen passt und auf die er höchstwahrscheinlich positiv reagieren – das heißt etwas kaufen – wird.

Was dem einen lieb, ist dem anderen ein Gräuel: Für den Nutzer bedeuten solche Tätigkeiten fundamentale Eingriffe in seine Privatsphäre. Die Gesetzgeber sahen sich daher seit den 70er Jahren aufgerufen, Nutzer vor unerwünschter Verbreitung von Datensätzen, die ihre Persönlichkeit enthüllen, zu schützen. Für Deutschland entschied das Bundesverfassungsgericht 1983 in einem viel beachteten Urteil, mit dem eine geplante Volkszählung zu Fall gebracht wurde: „dass die Verarbeitung personenbezogener Daten stets einen Eingriff in das allgemeine Persönlichkeitsrecht darstellt, der nur auf einer gesetzlichen Grundlage zulässig ist. […] Daten dürfen nur zu den Zwecken verarbeitet werden, zu denen sie erhoben wurden; Zweckänderungen bedürfen einer Rechtsgrundlage. Es dürfen nur so viele Daten verarbeitet werden, wie für den Zweck unbedingt erforderlich sind."[38]

Die Vorgaben des Bundesgerichtshofes sind seitdem in einer Reihe von Datenschutzgesetzen praktisch umgesetzt worden. Datenschutz bei der Telekommunikation, also dem technischen Vorgang des Versendens, Übermittelns und Empfangens von Daten, regelt das Telekommunikationsgesetz. Was dagegen bei Telediensten, elektronischen Informations- und Kommunikationsdiensten, die individuell genutzt werden und mittels Telekommunikation transportiert werden, erlaubt und verboten ist, bestimmen das Teledienstegesetz und das Teledienstedatenschutzgesetz[39].

Wer ein Online-Unternehmen, gleich welcher Art betreibt, muss im Wesentlichen fünf Datenschutzgrundsätze beachten[40]. Zunächst darf er keine Daten verarbeiten, die unter Verstoß gegen die Menschenwürde oder durch Täuschung, z.B. verdeckter Identität erhoben wurden. Des Weiteren sind Datenverarbeiter nicht nur verpflichtet, richtige Daten zu verarbeiten, sondern auch, deren Richtigkeit regelmäßig zu überprüfen. Auch dürfen Daten nur zu dem Zweck verarbeitet werden, zu dem sie erhoben wurden. Zweckwidrige Nutzung und Weitergabe ohne Wissen und Zustimmung des Nutzers sind verboten. Systematische Auswertung von Verhaltensprofilen sowie die Anwendung von Data-Warehouse-Systeme sind damit grundsätzlich datenschutz-

---

[38] GARSTKA, Hansjürgen, Informationelle Selbstbestimmung und Datenschutz. Das Recht auf Privatsphäre, in: Schulzki-Haddouti [Hrg.], Bürgerrechte im Netz, Bonn 2003, S. 48-70, hier: S. 50.
[39] Vgl. PETRI, Thomas Bernhard, Kommerzielle Datenverarbeitung und Datenschutz im Internet. Lässt sich der internationale Datenhandel im Netz noch kontrollieren? In: Schulzki-Haddouti [Hrg.], Bürgerrechte im Netz, Bonn 2003, S. 71-91, hier: S. 82.
[40] Vgl. GARSTKA, Hansjürgen, Informationelle Selbstbestimmung und Datenschutz. Das Recht auf Privatsphäre, in: Schulzki-Haddouti [Hrg.], Bürgerrechte im Netz, Bonn 2003, S. 48-70, hier: S. 52.

rechtswidrig[41]. Regel Nummer vier besagt, dass jeder Nutzer ein Recht hat, zu wissen, wer welche Daten über ihn speichert. Insofern muss der Nutzer unmissverständlich informiert werden. Zu guter Letzt muss im Umgang mit sensiblen Daten, die zu Diskriminierung von Betroffenen führen können, besondere Vorsicht angewandt werden. Informationen z.b. über ethnische Zugehörigkeit, Sexualleben oder weltanschauliche Überzeugungen dürfen nicht oder nur unter sehr eng definierten Voraussetzungen verarbeitet werden.

Nach dem deutschen Datenschutzrecht gilt weiterhin: Jede Erhebung, Verarbeitung oder sonstige Nutzung personenbezogener Informationen ist nur dann rechtmäßig, wenn der Betroffene in sie eingewilligt hat oder es eine Rechtsvorschrift gibt, die sie erlaubt[42], das heißt, dass spezialrechtliche Regelungen die Verarbeitung der Daten gestatten. Die Einverständniserklärung des Nutzers hat zur Voraussetzung, dass er über den Zweck der Erhebung, Verarbeitung oder Nutzung sowie über die Folgen der Verweigerung der Einwilligung informiert wurde. Dazu kommt, dass seine Einwilligung in der Regel nur wirksam ist, wenn sie schriftlich abgegeben wurde. Besondere Bestimmungen gelten bei der elektronischen Zustimmung über ein Telekommunikationsnetz.

Umgekehrt kann dem Nutzer allerdings auch die Möglichkeit eröffnet werden, der Verarbeitung seiner Daten nicht nur zu widersprechen, sondern ausdrücklich in sie einzuwilligen. „Dies wird oft genutzt, wenn vom Gesetz selbst nicht gestattete Formen der Datenverarbeitung durchgeführt werden sollen.“[43] Nutzungsprofile dürfen in der Regel jedoch auch unter dieser Voraussetzung nur unter Pseudonym erstellt werden, das heißt, Informationen über den Nutzer dürfen nicht gemeinsam mit Daten zu seiner Identität erhoben werden.

Bei Verletzung dieser Regelungen können die Aufsichtsbehörden ein Instrumentarium empfindlicher Strafen verhängen: „Neben dem – selbstverständlichen – Recht, Verstöße mitzuteilen und Empfehlungen zu geben, können zur Gewährleistung der Datensicherheit Maßnahmen angeordnet, bei schwerwiegenden Verstößen auch einzelne Datenverarbeitungsverfahren untersagt werden. Materielle Verstöße können als

---

[41] Zu diesem Punkt vergleiche auch: PETRI, Thomas Bernhard, Kommerzielle Datenverarbeitung und Datenschutz im Internet. Lässt sich der internationale Datenhandel im Netz noch kontrollieren? In: Schulzki-Haddouti [Hrg.], Bürgerrechte im Netz, Bonn 2003, S. 71-91, hier: S. 82.
[42] Vgl. PETRI, Thomas Bernhard, Kommerzielle Datenverarbeitung und Datenschutz im Internet. Lässt sich der internationale Datenhandel im Netz noch kontrollieren? In: Schulzki-Haddouti [Hrg.], Bürgerrechte im Netz, Bonn 2003, S. 71-91, hier: S. 82.
[43] GARSTKA, Hansjürgen, Informationelle Selbstbestimmung und Datenschutz. Das Recht auf Privatsphäre, in: Schulzki-Haddouti [Hrg.], Bürgerrechte im Netz, Bonn 2003, S. 48-70, hier: S. 53.

Ordnungswidrigkeiten auch mit Bußgeldern bis zu 250.000 Euro geahndet werden."
[44]

3.4 Fernabsatzgesetz

Der größte Teil des „Gesetzes über Fernabsatzverträge und andere Fragen des Verbraucherrechts sowie zur Umstellung von Vorschriften auf den Euro" trat am 30. Juni 2000 in Kraft. Mit diesem Gesetz wurde eine EU-Richtlinie umgesetzt, die es zum Ziel hatte, den Verbraucher bei Fernhandelsbeziehungen besser zu schützen. Um dies zu erreichen, wurden dem Händlern umfangreiche Informationspflichten auferlegt sowie dem Verbraucher ein Rückgabe- und Widerrufsrecht eingeräumt.

Eigentlich ist es seit dem vergangenen Jahr nicht mehr korrekt, vom Fernabsatzgesetz (FernAbsG) zu sprechen. Denn mit der Schuldrechtsreform wurde dieses Gesetz zum 1. Januar 2002 gemeinsam mit dem Haustürwiderrufsrecht unter dem Titel „Besondere Vertriebsformen" unter § 312 in das Bürgerliche Gesetzbuch (BGB) integriert[45]. Das alte Fernabsatzgesetz gilt damit nur noch für Verträge, die vor dem 1. Januar 2002 geschlossen wurden. Mit Wirkung zum 1. August 2002 wurde das Gesetz noch einmal überarbeitet[46].

Der Paragraph ist unterteilt in fünf Abschnitte. Der erste definiert, was genau Fernabsatzverträge sind. Der zweite behandelt die Pflicht des Händlers, den Verbraucher vor Abschluss von Fernabsatzverträgen zu informieren. Abschnitt drei behandelt das Widerrufs- und Rückgaberecht bei Fernabsatzverträgen. Die Pflichten im elektronischen Geschäftsverkehr werden unter Abschnitt vier geregelt. Der fünfte und letzte Abschnitt enthält abweichende Vereinbarungen.

§ 312 b definiert den Begriff Fernabsatzvertrag. Solche sind Verträge über die Lieferung von Waren, die ohne direkten Kontakt und körperliches Zusammenkommen in einem Raum, das heißt ausschließlich durch Verwendung von Fernkommunikationsmitteln abgeschlossen werden. Mit anderen Worten: es handelt sich um Verträge, die per Telefon, Fax, Brief, Katalog, Telekopien, E-Mail, Tele- und Mediendienste zu Stande kommen.

Ausgenommen von dieser Regelung werden nur Verträge über Fernunterricht, Verkauf von Grundstücken, Teilnutzung von Wohngebäuden, Finanzgeschäften, bei Lie-

---

[44] GARSTKA, Hansjürgen, Informationelle Selbstbestimmung und Datenschutz. Das Recht auf Privatsphäre, in: Schulzki-Haddouti [Hrg.], Bürgerrechte im Netz, Bonn 2003, S. 48-70, hier: S. 62.
[45] http://www.versandhandelsrecht.de/index.php?url=gesetze&gl[gesetzid]=5.
[46] Der Gesetzestext findet sich online unter: Ebd.

ferung von Haushaltsgegenständen des täglichen Bedarfs, wie Lebensmittel oder Getränke sowie bestimmte Dienstleistungen. Auch wer eine Cola aus einem Getränkeautomaten zieht, also einen automatisierten Geschäftsraum nutzt, kann sich nicht auf das Gesetz berufen.

In § 312 c werden die Pflichten des Unternehmers, was Unterrichtung und Information angeht, genau geregelt. So verlangt das Gesetz, dass der Unternehmer den Verbraucher „rechtzeitig vor Abschluss"[47] des Vertrages klar und verständlich über die Einzelheiten des Vertrages informiert, des Weiteren über dessen geschäftlichen Zweck. Als besondere Regelung bei telefonischen Geschäften gilt, dass der Unternehmer seinem Geschäftspartner bereits bei Beginn des Gesprächs seine Identität und „den gewerblichen Zweck des Vertrags"[48] offen legt. Als Deadline für die Unterbreitung dieser Informationen ist spätestens die vollständige Erfüllung des Vertrages, bzw. bei Warenhandel der Liefertermin. Die Informationen müssen in Textform unterbreitet werden. Ausgenommen von dieser Regelung sind nur Dienstleistungen, die über den Betreiber des eingesetzten Fernkommunikationsmittels abgerechnet werden. Dennoch muss auch in diesem Fall sichergestellt werden, dass die Verbraucher sich über „die Anschrift der Niederlassung des Unternehmers informieren können, bei der er Beanstandungen vorbringen kann."[49]

Da den Informationspflichten des Unternehmers fundamentale Bedeutung beigemessen wird, werden sie in einer eigenen Verordnung vertieft, der Informationspflichtenverordnung (InfoPflichtVO) des BGB. Dort heißt es unter § 3 über Vertragsabschlüsse im elektronischen Geschäftsverkehr, der Unternehmer müsse den Kunden informieren „1. über die einzelnen technischen Schritte, die zu einem Vertragsschluss führen, 2. darüber, ob der Vertragstext nach dem Vertragsschluss von dem Unternehmer gespeichert wird und ob er dem Kunden zugänglich ist, 3. darüber, wie er [...] Eingabefehler vor Abgabe der Bestellung erkennen und berichtigen kann, 4. über die für den Vertragsschluss zur Verfügung stehenden Sprachen und 5. über sämtliche einschlägigen Verhaltenskodizes, denen sich der Unternehmer unterwirft, sowie die Möglichkeit eines elektronischen Zugangs zu diesen Regelwerken."[50]

§ 312 d betrifft das Widerrufs- und Rückgaberecht des Verbrauchers. Es nennt keine genauen Fristen, sondern verweist auf den § 355, der Widerrufsrechte zentral für

---

[47] Zitat aus dem Gesetzestext:
http://www.versandhandelsrecht.de/index.php?url=gesetze&gl[gesetzid]=5.
[48] Zitat aus dem Gesetzestext: Ebd.
[49] Zitat aus dem Gesetzestext: Ebd.
[50] Zitat aus dem Gesetzestext: Ebd.

sämtliche Formen des Handels regelt. Es ermöglicht dem Verbraucher, innerhalb einer festgelegten Frist von zwei Wochen nach Abschluss eines Vertrages von diesem zurückzutreten.

Die Frist, dieses Recht einzuklagen, beginnt im Fernhandel bei Eingang der Waren beim Verbraucher bzw. bei Dienstleistung mit dem Zeitpunkt des Vertragsabschlusses. Das Widerrufsrecht bei Dienstleistungen erlischt nur, wenn der Unternehmer mit ausdrücklicher Zustimmung des Kunden vor Ende der Widerrufsfrist mit deren Ausführung begonnen hat oder „der Verbraucher diese selbst veranlasst hat."[51]

Ausgenommen von dieser Regelung sind nur Fernabsatzverträge, in denen der Widerruf für den Unternehmer eine unzumutbare Belastung bedeuten würde, so z.B. bei maßgeschneiderten Waren oder Spezialanfertigungen, CDs und weitere Audio- oder Videoaufzeichnungen, sowie Software, nachdem diese entsiegelt wurden und somit die Möglichkeit besteht, dass der Kunde sie kopiert hat, Zeitungen, Zeitschriften und Illustrierten, Wett- und Lotterie-Dienstleistungen oder solchen Verträgen, die in Form von Versteigerungen geschlossen werden.

§ 312 e schließlich verlangt vom Unternehmer, dass er – dies ist besonders beim Vertragsabschluss via Internet von Bedeutung – dem Kunden die Möglichkeit gewährt, eventuell bei der Bestellung unterlaufene Eingabefehler zu korrigieren. Den Eingang der Bestellung muss er dem Kunden unverzüglich bestätigen und ihm die Vertragsbestimmungen einschließlich seiner Allgemeinen Geschäftsbedingungen bei Vertragsschluss in einer Form zukommen zu lassen, die es ermöglichen, sie erneut abzurufen und in wiedergabefähiger Form zu speichern.

3.5 Preisangabenverordnung

Die Preisangabenverordnung (PAngV) ist ein vergleichsweise umfangreiches Gesetz, das für Unternehmer jeglicher Art bestimmt, welche Angaben dieser bezüglich seiner Preise zu machen hat. Ich beschränke mich in dieser Darstellung auf die wichtigsten Teile des Gesetzes sowie auf jene, die unmittelbar den Versandhandel, insbesondere via Internet, betreffen.

Grundsätzlich ist jeder Unternehmer, der unter Angabe von Preisen für seine Waren oder Dienstleistungen wirbt, verpflichtet, diese Preise einschließlich Umsatzsteuer und sonstiger Bestandteile – also als Endpreise – anzugeben. Diese Regel findet sich

---

[51] Zitat aus dem Gesetzestext:
http://www.versandhandelsrecht.de/index.php?url=gesetze&gl[gesetzid]=5.

in der PAngV zentral unter § 1 und soll Verwirrung durch Nettopreise vorbeugen. Ausnahme: Bei Lieferfristen von mehr als vier Monaten können die Preisangaben mit einem Änderungsvorbehalt versehen werden. In diesem Fall müssen auch die voraussichtlichen Liefer- und Leistungsfristen angegeben werden. Mittlerweile ist es in Deutschland überwiegend legal, über Preisnachlässe zu verhandeln. Auf die Bereitschaft dazu darf hingewiesen werden. Nach Absatz 2 müssen Unternehmer, die Waren und Leistungen im Fernabsatz vertreiben, zusätzlich angeben, „1. dass die für Waren oder Leistungen geforderten Preise die Umsatzsteuer und sonstige Preisbestandteile enthalten und 2. ob zusätzlich Liefer- und Versandkosten anfallen."[52] Die genaue Höhe der Liefer- und Versandkosten muss selbstverständlich ebenfalls angeben werden.

Wer Dienstleistungen anbietet, kann, „soweit es üblich ist"[53], Stundensätze, Kilometersätze und andere Verrechnungssätze angeben, in die alle Leistungselemente einschließlich der anteiligen Umsatzsteuer bereits mit eingerechnet werden. Auch Materialkosten können in diese Verrechnungssätze einbezogen werden.

Sämtliche Preisangaben müssen der Wahrheit entsprechen und müssen leicht erkennbar und deutlich lesbar angebracht werden. Wer seine Preise in Bestandteile aufgliedert, muss den Endpreis besonders hervorheben. Nach § 2 müssen Waren, die nach Gewicht, Volumen, Länge oder Fläche angeboten werden, neben dem Endpreis mit dem Grundpreis je Einheit ausgezeichnet werden.

§ 4 des Gesetzes verlangt, dass „Waren, die in Schaufenstern, Schaukästen, innerhalb oder außerhalb des Verkaufsraumes auf Verkaufsständen oder in sonstiger Weise sichtbar ausgestellt werden"[54] mit Preisschildern ausgezeichnet werden müssen. Da in gewisser Weise auch der Bildschirm eines Computers ein Schaufenster darstellt, behandelt der Absatz 4 explizit das Angebot „nach Katalogen oder Warenlisten oder auf Bildschirmen"[55]. In diesem Fall müssen die Preise „unmittelbar bei den Abbildungen oder Beschreibungen der Waren oder in mit den Katalogen oder Warenlisten im Zusammenhang stehenden Preisverzeichnissen angegeben werden"[56].

---

[52] Gesetzestext der PAngV online unter:
http://www.versandhandelsrecht.de/index.php?url=gesetze&gl[gesetzid]=17.
[53] Zitat nach: Ebd.
[54] Zitat nach: Ebd.
[55] Zitat nach: Ebd.
[56] Zitat nach: Ebd.

3.6 Rechtliche Probleme bei eBay

Auf rechtlichem Gebiet hat eBay vor allem mit zwei Problemen zu kämpfen. Da waren zum einen Betrugsfälle, zum anderen die Notwendigkeit, illegale Waren aufzuspüren, die bei eBay angeboten werden.

EBay vertritt die Richtlinie: „Artikel, deren Angebot gegen rechtliche Vorschriften, die guten Sitten oder die eBay-Policies verstößt, dürfen nicht auf dem eBay-Marktplatz angeboten werden."[57] Um dem Nutzer die Entscheidung zu erleichtern, ob sein Artikel sich in diese Kategorie einordnet, stellt eBay auf der gleichen Seite eine lange Liste mit verbotenen Artikeln bereit. Auf dieser finden sich Waffen ebenso wie Drogen, nationalsozialistische Artikel, Körperteile, lebende Tiere, Repliken und Fälschungen und viele andere Dinge mehr.

Ob diese Vorgaben berücksichtigt werden, kann eBay jedoch nach eigener Aussage nur stichprobenartig kontrollieren. EBay-Deutschland-Geschäftsführer Philipp Justus äußerte dazu in einem Interview mit der Frankfurter Allgemeinen Zeitung: „Jeden Tag werden mehrere hunderttausend Produkte neu angeboten. Deshalb kann sich die Kontrolle nur auf Stichproben beschränken. Gesetzlich sind wir dazu auch nicht verpflichtet. Das Angebot wird vom Verkäufer gemacht, und dieser ist verantwortlich für dessen Rechtmäßigkeit."[58]

Dennoch, Negativmeldungen über Gerichtsprozesse im Zusammenhang mit Handel bei eBay beschädigen das Ansehen des Unternehmens. Aus diesem Grund beschäftigt eBay in Deutschland ein Sicherheitsteam von über 100 Mitarbeitern, die lediglich die Einhaltung der Regeln beim Handeln überwachen. „Das gilt sowohl für die Zulässigkeit der angebotenen Artikel, als auch für Probleme zwischen Käufer und Verkäufer."[59] Dennoch stoßen deren Möglichkeiten, unerlaubten Handel zu unterbinden, immer wieder auf Grenzen. „Zwar wird eine schwarze Liste von rassistischen oder sexistischen Begriffen automatisch bei der Suche blockiert. Ansonsten ist das Sicherheitsteam von Ebay auf Hinweise der Nutzer angewiesen – Klickwarte sozusagen."[60]

Ähnlich verhält es sich mit Betrügern. EBay ist immer wieder dafür kritisiert worden, dass es Betrüger, die etwa mit Bietergeldern verschwinden, ohne Waren zu versenden, nicht rigoroser verfolgt. Tatsächlich hat eBay jedoch kaum mehr Mög-

---

[57] http://pages.ebay.de/help/community/png-items.html.
[58] Ebay-Deutschlandchef Philipp Justus über Online-Auktionen per Handy, Risiken für Profiverkäufer und sicheren Handel im Netz, in: Der Tagesspiegel, 3. September 2001.
[59] Ebd.
[60] LIEDTKE, Dirk, Der eBay-Hammer, in: Stern, 28. Mai 2003.

lichkeiten, als das Konto des jeweiligen Users zu sperren. Anzeige muss der Geprell-
te erstatten – und noch dazu oft gegen Unbekannt, denn wer Betrugsabsichten hegt,
gibt selten seinen echten Namen an. Dennoch können immer wieder Fahndungser-
folge gefeiert werden, wenn ein Betrüger verhaftet wird. Diese werden regelmäßig zu
hohen Haft- oder Geldstrafen verurteilt.

Auch der Datenschutz ist bei eBay nicht immer gewährleistet. In der Vergangenheit
las man immer wieder in allen gängigen Medien über Datensicherheits-Pannen im
Auktionshaus. Dies soll sich nun jedoch ändern. Am 5. Dezember 2002 teilte eBay
mit, dass es in Zukunft über jedes neu registrierte Mitglied und bei jeder Adressände-
rung alter Mitglieder eine Schufa-Auskunft einholen würde. Dadurch soll lediglich
überprüft werden, ob Name und Anschrift des Mitglieds korrekt sind. Ob dies den
Durchbruch auf dem Gebiet der Sicherheit bringen wird, bleibt abzuwarten, es ist
jedoch auf jeden Fall ein positives Zeichen.

Neben diesen „alltäglichen" Rechtsproblemen hat eBay in den letzten Monaten mit
einem Patentstreit negative Schlagzeilen gemacht. Gegenstand des Streites war die
bereits erwähnte „Sofort Kaufen"-Option, auf die Thomas Woolston, Gründer der
Mercexchange LLC ein Patent hält. Wegen Verletzung der Patentrechte hat ein ame-
rikanischer Richter in Norfolk im US-Bundesstaat Virginia hat das Auktionshaus zur
Zahlung einer Strafe in Höhe von 29,5 Millionen Dollar verurteilt, berichtete der
Spiegel im August diesen Jahres. Die „geklaute" Software durfte das Unternehmen
jedoch weiterhin benutzen[61]. Damit wurde eBay unfreiwillig zu einem Beispiel für
Urheberrechtsauseinandersetzungen im Internet.

[61] Der 29-Millionen-Dollar-Strafzettel, in: Spiegel Online, 8. August 2003,
http://www.spiegel.de/netzwelt/politik/0,1518,260465,00.html.

4. Firmen und Technik – Online-Technologien für den Handel

Wer einen Laden aufmachen möchte, macht sich auf die Suche nach geeigneten Räumlichkeiten, möglichst in einer prominenten Einkaufsstraße gelegen. Der Handel im Internet verlangt vom Unternehmer ganz anderes: Wer E-Commerce betreiben will, muss sich zunächst mit dessen technischen Voraussetzungen auseinandersetzen. Dabei müssen so grundlegende Fragen beantwortet werden wie: Wie sollen die Waren angeboten werden? Was für ein System, eventuell mit welcher Datenbank, wird dafür gebraucht? Wie sollen Informationen über die Produkte an den Kunden gebracht werden? Wie sollen die Zahlungsvorgänge erfolgen?

All diese Fragen sollen im Folgenden knapp beantwortet werden. Mobile Lösungen werden aus Platzgründen übergangen.

4.1 Portale – Das Tor zum WWW

Ein Kommilitone sagte einmal in einem Referat, Webportale seien „Das Tor zum WWW". Behält man diesen Satz im Hinterkopf, so wird man sich leicht der Bedeutung von Internetportalen bewusst. Portale sind in aller Regel das erste, was ein potentieller Kunde im Netz zu sehen bekommt, wenn er sich auf die Webseiten einer Firma klickt.

Das Netz krankt nach wie vor an einem erheblichen Manko: Innerhalb dieses Informationsmediums fehlt es an Strukturierung und Organisation. Nirgendwo findet sich eine zentrale Stelle, die Veröffentlichungen oder Angebote registriert, gruppiert und kontrolliert. Das Auffinden von Informationen wird dadurch erheblich erschwert, besonders, da die Datenmenge im Netz jeden Tag rapide zunimmt.

Ein wenig Ordnung schaffen Portale. Im Wesentlichen kann man zwischen zwei Arten von Portalen unterscheiden: den Navigatoren und den Business-to-Consumer-Portalen. Navigatoren dienen als Einstiegsstelle im Netz und versuchen, über Suchfunktionen und verschiedene Informationsangebote etwas Ordnung ins virtuelle Chaos zu bringen. Sie sind in der Regel werbefinanziert. Eine prominente Ausnahme bildet das Suchportal Google, das sich finanziert, indem es seine Software verkauft. Business-to-Customer-Portale bieten den Einstieg in das Webangebot einzelner Unternehmen. Oft werden auch die Internetangebote mehrerer Unternehmen im Rahmen von Portalen über eine Internet-Adresse erreichbar gemacht. Die Bündelung erfolgt meistens im Rahmen von regionalen Marktplätzen oder mit einem inhaltlichen Schwerpunkt[62].

Unter diesem Gesichtspunkt betrachtet, sollte ein Unternehmen immer beachten, dass sein Portal gewissermaßen seine „Visitenkarte" im Netz darstellt. Es muss graphisch anspruchsvoll und übersichtlich gegliedert gestaltet sein und wird in der Regel aktuelle Angebote sowie eine Suchfunktion an prominenter Stelle und leicht auffindbar bereitstellen.

4.2 Wie verbreitet man Informationen? – Push-Technologie

Wer etwas anzubieten hat, möchte potentielle Kunden selbstverständlich darüber informieren. Eine Möglichkeit, dies zu tun, sind Push-Technologien. Diese kamen um das Jahr 1997 ins Gespräch. Die Idee war simpel: Statt dass ein User sich Informationen mühsam per URL, Google oder Altavista im Internet zusammensucht, abonniert er einen Dienst, der ihn über Nachrichtenkanäle regelmäßig automatisch mit Informationen versorgt. Informationen wurden „geschoben", statt – wie bisher – „gezogen". Der wichtigste Anwendungsbereich war die Versorgung mit Nachrichten, etwa über Netzwerke wie CNN.

Um einen PC so einzurichten, dass er Informationen per Push empfangen kann, gibt es zwei Möglichkeiten. In aller Regel wird ein kleines Stück Software vom Anbieter herunter geladen und installiert, das dann die Informationen empfängt. Manche Anbieter ermöglichen auch das Pushen über einen herkömmlichen Webbrowser. Dann braucht der Nutzer nur noch ein Profil auszufüllen, mit dem er spezifiziert, welche Informationen er wünscht. Dieses Profil wird entweder als Client-based-Filter auf dem Rechner des Nutzers oder als Server-based-Filter auf dem Server des Anbieters gespeichert[63]. Die gewünschten Informationen werden dann direkt auf den Desktop des Nutzers gesendet. Dort werden sie übergeben in Form von News Tickern mit Scrollbar, Pop-Up Fenstern oder interaktiven Bildschirmschonern[64].

Push-Technologien nutzen drei verschiedene Verbreitungsprinzipien: Unicast, Multicast und Broadcast. Beim Unicast-Verfahren wird jedes Datenpaket – zu Anfang

---

[62] Vgl. Einsatz von Shopsystemen für eCommerce-Anwendungen. Eine Praxishilfe zur Nutzung des Internet für kleine und mittlere Unternehmen (KMU), hrsg. vom Bundesministerium für Wirtschaft und Technologie, S.3.
[63] Vgl. GUENTHER, Kim, What is Push Technology, 2000, in:
http://www.darwinmag.com/learn/curve/column.html?ArticleID=43.
[64] Vgl. CHIN, Paul, Push Technology: Still Relevant After All These Years? In:
http://www.intranetjournal.com/articles/200307/pij_07_23_03a.html.

Texte, später auch Multimediadateien oder ganze Softwarepakete – jedem einzelnen Nutzer über das Netz zugesendet. Das Prinzip verbraucht daher extrem viel Bandbreite. Ökonomischer arbeitet das Multicast-Verfahren, bei dem Nutzer mit gleichen Interessen in Gruppen eingeteilt werden. Jede Gruppe erhält gleichzeitig die gleichen Informationen. Die Dateien müssen den Server nur einmal verlassen, so dass wesentlich weniger Bandbreite verbraucht wird. Besonders für Intranetze in Firmen eignet sich das Broadcast-Verfahren, bei dem allen Nutzern eines Anbieters die gleichen Informationen zugesandt werden.

Obwohl die Idee gut klang, hat sie sich nicht durchgesetzt[65]. Auf dem Höhepunkt des Hypes wurden zwar bereits Push-Technologien in alle gängigen Webbrowser eingebaut. Mittlerweile machten jedoch Breitbandverbindungen und bessere Suchmaschinen die Suche im Netz schneller und einfacher. Gleichzeitig enttäuschten Push-Filter viele User. Manch einer erhielt nicht genau die Informationen, die er brauchte. Dazu kamen technische Probleme mit den Programmen wie überladene Netze, dazu Informationsüberdosen und die Tatsache, dass Push-Technologien bald als hochgradig aufdringlich betrachtet wurden. Nicht zuletzt wurde von Kritikern immer wieder die Furcht geäußert, diese mit könnten das Internet verkommen lassen zu „konsumptivem Fernsehen, bei dem ‚andere entscheiden, was Du sehen darfst'.“[66]

Heute spielen Push-Technologien eine wesentliche Rolle nur noch bei PDAs und Handys, sowie im Firmenbereich[67].

4.3 Shopsysteme

Die technische Basis für E-Commerce-Unternehmen bilden Shopsysteme. Vereinfacht gesprochen sind dies mehr oder weniger umfangreiche Internetauftritte, deren Einsatzfeld von der Vermarktung von Produkten bis hin zur Beteiligung an Portalen und Marktplätzen reicht[68]. Je nachdem, welche Art von E-Commerce-Unternehmen man betreiben will, braucht man eines von drei Arten von Systemen: 1. Onlineshops, Malls und Mietshops, 2. Auktionsplattformen oder 3. Börsen.

---

[65] Vgl. CHIN, Paul, Push Technology: Still Relevant After All These Years? In: http://www.intranetjournal.com/articles/200307/pij_07_23_03a.html.
[66] http://www.tse-hamburg.de/Papers/Internet/Allgemeines/PushTec.html.
[67] Vgl. CHIN, Paul, Push Technology: Still Relevant After All These Years? In: http://www.intranetjournal.com/articles/200307/pij_07_23_03a.html.
[68] Zu diesem Abschnitt vgl.: Einsatz von Shopsystemen für eCommerce-Anwendungen. Eine Praxishilfe zur Nutzung des Internet für kleine und mittlere Unternehmen (KMU), hrsg. vom Bundesministerium für Wirtschaft und Technologie, S.3.

Onlineshops, Malls und Mietshops sind Systeme, mit denen Produkte zu Festpreisen im Internet angeboten werden können. Dabei stehen bei ersteren einzelne Unternehmen für sich allein im Netz, ähnlich einzelnen Läden auf einer Einkaufsstraße. Malls vereinen dagegen wie große Einkaufscenter viele kleine Läden unter einem Portal. Ein prominentes Beispiel für eine Mall ist die Website von Amazon, die unter ihrem Label nicht nur den eigenen Handel mit Medien beherbergt, sondern auch Anbieter anderer Artikel aller Art – in den zShops. Wer sich kein eigenes System anschaffen will und dazu nur wenige Produkte anbieten will, dürfte mit einem Mietshop den besten Griff tun. Bei dieser Lösung mieten Betriebe Speicherplatz auf dem Internetserver eines Vermieters. Auf diesem Space werden Programm und Datenbestand abgelegt. „Das Einstellen und die Pflege der Produktdaten [wird] über eine entsprechende Bedieneroberfläche abgewickelt"[69]. Dies hat allerdings den Nachteil, dass eine Anbindung an die bereits vorhandene EDV – besonders Warenwirtschaftssysteme – nur selten möglich ist.

Plattformen für Online-Auktionen wurden bereits im 2. Kapitel angesprochen. Unter Börsen versteht man vor allem Materialbörsen oder Einkaufsgemeinschaften, also Zusammenschlüsse mehrerer Händler.

Was die Preisspanne für Shopsysteme betrifft, so lässt sich feststellen, dass solche Systeme sich diesbezüglich eines sehr breiten Angebots erfreuen. Einfache und wenig an individuelle Bedürfnisse angepasste Systeme sind ab rund € 500 zu haben. Nach oben scheint dagegen keine Grenze zu bestehen. Generell lässt sich jedoch feststellen, dass, je teurer sich ein System präsentiert, desto besser es auf die individuellen Bedürfnisse eines bestimmten Unternehmens angepasst ist oder werden kann. Ganz preiswerte oder kostenlose Systeme verfügen dagegen meist über nicht mehr als eine Warenkorbfunktion. Bereits die Personalisierung, die weiter unten besprochen wird, stellt bei solchen Systemen ein Problem dar, gezielte Marketingkampagnen sind oft ganz unmöglich.

Was für ein System sich das einzelne Unternehmen anschafft, hängt von seinen besonderen Bedürfnissen ab. Dabei ist zu fragen, welche Funktionalitäten gebraucht werden. Denkbar sind unter anderem Produktpräsentations- und Marketingfunktionen, Katalogfunktionen, Funktionen für Kampagnen und Such- oder Sonderfunktionen oder Designhilfen. Interessant ist auch, wie der Bestellablauf gehandhabt wird,

---

[69] Zu diesem Abschnitt vgl.: Einsatz von Shopsystemen für eCommerce-Anwendungen. Eine Praxishilfe zur Nutzung des Internet für kleine und mittlere Unternehmen (KMU), hrsg. vom Bundesministerium für Wirtschaft und Technologie, S. 14.

ob das System internationalisierbar ist und ob es Auswertungs-, Analyse- und Administrationsfunktionen bereitstellt.

Bei der Produktpräsentation ist beispielsweise interessant, ob lediglich alle Produkte untereinander aufgelistet werden, oder zusätzlich Bilder eingefügt werden können. Wünschenswert ist auch, dass neben Listen jedes Produkt auch in Einzeldarstellung präsentiert werden kann.

„Katalogfunktionen unterstützen den Betreiber eines Onlinesystems bei der Kategorisierung und Einteilung der Artikel in bestimmten Warengruppen."[70] Eine wichtige Funktion also, die vor allem bei einer großen Zahl von Artikeln notwendig ist, um Kunden und Betreiber die Navigation durch die Angebotsvielfalt zu erleichtern. Qualitätskriterium bei Katalogfunktionen ist beispielsweise, welche Baumtiefe das System erlaubt und ob einzelne Zweige unterschiedlich tief ausgebaut werden können.

Was Sonderaktionen und Kampagnen betrifft, so bieten viele Systeme vorgefertigte Templates an, die es erleichtern, Kunden über bestimmte Produkte zu informieren. So ist es beispielsweise möglich, bestimmte Produkte in Gruppen zusammenzufassen und separat besonders hervorgehoben anzubieten.

Über den Warenkorb ist nicht viel zu sagen. Nur folgendes: „Der Warenkorb ermöglicht den Ablauf des Online-Einkaufs von der Produktpräsentation bis zur Bestellabgabe, ermöglicht des weiteren die Zusammenstellung der Produkte zu einem virtuellen Einkaufswagen und die Berechnung des Gesamtpreises unter Betrachtung von Versandkosten, kunden- oder mengenspezifischen Rabatten sowie sonstiger Aufwendungen."[71] In personalisierten Systemen können diese Informationen gespeichert und mittels Data-Mining zu Marketingzwecken ausgewertet werden. Dabei helfen auch Auswertungs- und Analysefunktionen, sofern diese im System vorhanden sind. Administrationsfunktionen dagegen organisieren die Kunden- und Produktdaten.

Mit der zunehmenden Öffnung der Märkte ist zuletzt die Frage zu stellen, ob ein Unternehmen einen Auftritt auf internationalen Märkten plant. In diesem Fall muss ein System gewählt werden, dass sich für diese Art des Handels eignet. Es muss beispielsweise Mehrsprachigkeit unterstützen und Maß-, Zeit- und Währungsangaben umrechnen können.

---

[70] Einsatz von Shopsystemen für eCommerce-Anwendungen. Eine Praxishilfe zur Nutzung des Internet für kleine und mittlere Unternehmen (KMU), hrsg. vom Bundesministerium für Wirtschaft und Technologie, S. 19.
[71] Einsatz von Shopsystemen für eCommerce-Anwendungen. Eine Praxishilfe zur Nutzung des Internet für kleine und mittlere Unternehmen (KMU), hrsg. vom Bundesministerium für Wirtschaft und Technologie, S. 21.

4.4 Money makes the World go round – Zahlungssysteme für das Internet

Nach wie vor ist die größte Wachstumsbremse des Online-Handels das fehlende Kundenvertrauen in die Sicherheit der Systeme – insbesondere, wenn es um die Übermittlung von Geldbeträgen über das Internet geht. Sichere, zuverlässige Zahlungssysteme sind daher die Grundvoraussetzung für erfolgreiche E-Commerce-Unternehmungen.

Nach wie vor am weitesten verbreitet beim Zahlungsverkehr im E-Commerce sind die traditionellen Zahlungsmittel, wie Rechnung, Nachnahme oder Lastschrift. Diese Zahlungswege genießen das größte Vertrauen der Kunden, sind für die Händler aber erfahrungsgemäß „mit einer relativ hohen Gefahr von Zahlungsausfällen durch schlechte Zahlungsmoral der Kunden verbunden."[72] Beim E-Payment können solche Ausfälle dagegen entweder durch Bonitäts- oder Plausibilitätsprüfungen oder durch Vorauskasse gesenkt, wenn nicht gar ganz vermieden werden.

Bei der Wahl eines E-Payment-Systems sollte man die folgenden Punkte im Auge behalten. Damit ein System von den Kunden akzeptiert wird, muss es absolut transaktions- und fälschungssicher, einfach, problemlos, zuverlässig und bequem, allgemein verfügbar, weitestgehend anerkannt, kompatibel zu anderen Währungen bzw. zur realen Welt, anonym und möglichst kostenlos – betreffend Installations- und Transaktionskosten für Anbieter und Kunden – sein[73]. Ein solches System kann umgekehrt wesentlich zur Kundenbindung beitragen, denn Kunden kehren gerne zu einem Anbieter zurück, bei dem sie sich in sicheren Händen fühlen.

Neben den bereits erwähnten traditionellen Zahlungsmethoden haben sich in den letzten Jahren im Wesentlichen drei Zahlungssysteme herauskristallisiert, die in Zukunft an Akzeptanz gewinnen könnten. Diese werden im Folgenden vorgestellt.

4.4.1 Paybox – Zahlung per Handy, Girokonto und PIN-Nummer

Wer die Zahlung mit EC-Karten mag, wird Paybox lieben. Das Verfahren ist dem Zahlvorgang mit EC-Terminal und PIN-Nummer recht ähnlich. Das Projekt wurde realisiert von der paybox.net AG, mit 50-prozentiger Unterstützung der Deutschen Bank AG. Im Mai 2000 ging es an den Start.

---

[72] Zahlungsverkehr im Internet, in: e-facts. Informationen zum E-Business, hrg. vom Bundesministerium für Wirtschaft und Arbeit, Ausgabe 13 / April 2003, S. 3.
[73] Vgl. E-Payment: Zahlung im Internet - der Stand der Dinge, in:
http://www.onlinemarketer.de/know-how/hintergrund/e-payment.htm.

Das Verfahren ist denkbar einfach. Der Käufer benötigt nur ein Handy und ein Giro-konto. Will er nun einen Online-Einkauf bezahlen, klickt er auf der Website des Anbieters auf den Button „Paybox-Zahlung per Handy" und gibt seine Mobilnummer ein. Zahlungsbetrag und –empfänger werden auf das Handy gesendet und nach Eingabe einer PIN-Nummer kann der Rechnungsbetrag wie bei der EC-Karte per Lastschrift ausgeglichen werden. Die Jahresgebühr für die Nutzung des Systems betrug im Jahr 2000 € 5.

4.4.2 Kartenbasierte Lösungen

Die Zahlung per Kreditkarte kann bereits zu den klassischen Zahlungsmitteln gezählt werden. Sie bereitet im Internet ein besonderes Problem: Da bei der einfachen Kreditkartenzahlung einfach die Kartennummer an den Anbieter übermittelt wird, braucht dieser eine sichere Verbindung, damit keine Dritten die Nummer einsehen und missbrauchen können. Spezielle Transferprogramme sichern inzwischen die Übertragung relativ gut ab. Kreditkarten haben darüber hinaus den Nachteil, dass sie sich wegen der hohen Transaktionskosten von 3,75 – 5 Prozent des Umsatzes nur bei mittleren und großen Summen rentieren.

Dennoch hat sich die Kreditkarte bei Internetzahlungen gegenüber anderen Kartenzahlungswegen, wie z.B. der Chipkarte, durchgesetzt. Die Chipkarte ist eine Karte, ähnlich der EC-Karte, mit einem kleinen Chip versehen, die an Terminals aufgeladen und dann vor allem zur Zahlung kleiner Geldbeträge genutzt werden kann. Die Transaktionskosten liegen mit 0,3 Prozent und einem Mindestbetrag von einem Cent extrem niedrig. Ist die Karte leer, kann keine Zahlung erfolgen, ausbleibende Zahlungen wegen ungedeckter Konten sind damit kein Problem mehr.

Das Verfahren wurde zwar vor drei Jahren hoch gelobt, bietet bei der Internetzahlung aber das Problem, das der Kunde ein Zahlungsterminal benötigt. Die Anschaffungskosten für ein solches Gerät bilden noch immer eine Einstiegsbarriere für viele Kunden, die nicht bereit sind, entsprechende – mit zunehmenden Sicherheitsanforderungen steigende – Beträge auszugeben.

4.4.3 Virtuelles Geld

Virtuelles Geld sind digital abgebildete Münzen und Scheine. Sie müssen zunächst über ein Konto bei einer teilnehmenden Bank erworben werden. Werden sie im Netz ausgegeben, kann der Händler sie wieder in „echtes" Geld zurücktauschen.

Virtuelles Geld dürfte besonders bei denjenigen Kunden Anklang finden, die bei der Internetzahlung Sorgen um Anonymität und Datenschutz haben. Im Gegensatz zu anderen Zahlungssystemen werden nämlich bei diesem Vorgang die digitalen Münzen und nicht die Kunden identifiziert. Dies hat zur Folge, dass virtuelle Scheine – ebenso wie reale Geldscheine – eindeutig mit einem Wert, einer Seriennummer, einem Erstellungs- und einem Gültigkeitsdatum gekennzeichnet werden müssen. „Diese Informationen werden anhand einer Datenbank beim Bezahlvorgang geprüft, um Vervielfältigungen zu verhindern."[74] Der große Vorteil für Anbieter und Kunden: Neben den normalen Kontoführungsgebühren fallen keine weiteren Kosten an.

4.5 Personalisierung und Data Mining – Der gläserne Kunde

An Personalisierung und Data Mining scheiden sich die Geister. Die Einen sehen darin eine attraktive Möglichkeit, ihr Angebot exakt auf die Bedürfnisse eines bestimmten Kunden abzustimmen. Für die Anderen sind diese Techniken ein Angriff auf die Anonymität des Kunden und Gegenstand datenschutzbezogener Bedenken. Doch von vorne. Was ist Personalisierung? „Unter Personalisierung versteht man das Anzeigen von Inhalten abgestimmt auf den jeweiligen Benutzer."[75] Internethändler mussten feststellen, dass Online-Kunden sich durch weniger Loyalität gegenüber einem „Geschäft" auszeichnen als traditionelle Kunden[76]. Über die Gründe dieses Phänomens kann ich hier nur spekulieren. Vielleicht führt der fehlende körperliche Kontakt zum Händler dazu, dass Kunden eher bereit sind, Anbieter im Netz häufig zu wechseln, vielleicht spielt auch die größere Preistransparenz im Netz eine Rolle. Um Online-Kunden stärker zu binden, setzt eine wachsende Zahl von Unternehmen Personalisierungswerkzeuge ein.

„Personalisierungs-Tools erlauben das bedarfsgerechte Anzeigen und Empfehlen von Produkten und Inhalten für Kunden basierend auf seinen psychographischen und soziodemographischen Informationen sowie seiner Transaktions-Historie."[77] Zunächst wird ein detailliertes Nutzerprofil erstellt. Explizite Daten, wie Name, Postanschrift und direkt angegebene Präferenzen werden dabei mit impliziten Daten wie Click-Stream und Verweilzeiten kombiniert und in Datenbanken abgelegt. Der Anbieter erhält aus diesen Daten ein recht detailliertes Bild dessen, was den Kunden

---

[74] Vgl. E-Payment: Zahlung im Internet - der Stand der Dinge, in:
http://www.onlinemarketer.de/know-how/hintergrund/e-payment.htm.
[75] http://www.devis.de/deutsch/methoden/personalisierung.htm.
[76] Vgl. http://www.ibusiness.de/shop/db/shop.0472hr.html.
[77] Vgl. http://www.ibusiness.de/shop/db/shop.0472hr.html.

Interessiert und was ihm zusagt. Daraus kann er Rückschlüsse ziehen, welche anderen Produkte ihm gefallen könnten, um diese direkt anzubieten. Jeder Amazon-Kunde kennt die Anzeige: „Kunden, die dieses Buch kauften, haben sich auch für folgendes interessiert..." Die Sortiments- und Servicepalette kann also benutzerspezifisch modifiziert werden. Waren, die dem Kundenprofil nicht entsprechen – wie Pullover, die in der Größe des Kunden nicht vorhanden sind –, werden gar nicht erst angeboten. Dies hat für den Kunden den zusätzlichen Vorteil, dass er sich nicht umständlich durch Angebote wühlen muss, die ihn gar nicht interessieren. Er spart damit erheblich an Suchzeiten.

Interessante Schlüsse lassen sich beim so genannten Match-Making ziehen. Dabei werden Kunden mit gleichen Interessen in Gruppen zusammengefasst. Um in diesen Gruppen Strukturen und Zusammenhänge zu finden und eventuell Rückschlüsse auf das Kaufverhalten bestimmter Personenkreise, z.B. nach Alter oder Berufsstand sortiert, zu ziehen, wird Data Mining verwendet. Mit Methoden wie der Warenkorbanalyse wird versucht, Regeln zu finden, z.B.: Wer Artikel eins kauft, kauft auch Artikel zwei. Das so gewonnene Wissen kann wiederum für Marketingmaßnahmen eingesetzt werden.

Kritiker stellen vor allem die Effektivität solcher Systeme in Frage. Personalisierung verursacht einerseits hohe Kosten. Gleichzeitig wird ihr Nutzen generell in Frage gestellt: „Mit einer personalisierten Seite sei es doppelt so wahrscheinlich, Nutzer anzuziehen, die nicht bereit sind, Geld auszugeben wie Nutzer mit Zahlungsbereitschaft zu finden", bemängelte kürzlich eine von Jupiter Research durchgeführte Studie[78]. Sinnvoller sei es, Gelder in eine leistungsfähige und einfache Suche und Navigation zu investieren. Dies steigere die Kundenzufriedenheit und „erhöhe die Wahrscheinlichkeit, dass sich ein User nach den Vorstellungen des Betreibers verhalte, also beispielsweise eine Transaktion tätige."[79]

Unangenehm für den Nutzer werden Personalisierungsprozesse, wenn sie als Grundlage für das Versenden von so genannten Spam-Mails genutzt werden. Dabei erhält der Kunde (meist) gut gemeinte Werbeangebote per E-Mail, die – wenn sie in zu großer Anzahl gesendet werden – dessen Inbox verstopfen und nichts weiter erreichen als Unzufriedenheit und Abneigung.

Hinzu kommt die Angst um die Datensicherheit. Besonders mit sensiblen Daten kann Missbrauch betrieben werden, wenn diese in falsche Hände geraten. Unternehmer

---

[78] Vgl. Berichterstattung unter: http://www.zdnet.de/news/business/0,39023142,39116485,00.htm.
[79] Vgl. Berichterstattung unter: Ebd.

müssen daher stets die Vorgaben der Datenschutzgesetze im Hinterkopf behalten, wenn sie Daten erheben und verwahren.

Fazit und Ausblick

„Unwissenheit schützt vor Strafe nicht". Ich habe aufgehört, zu zählen, wie oft mir dieser Satz bei der Recherche für diese Arbeit durch den Kopf gegangen ist. So viele Dinge sind zu beachten, wenn eine gute Idee für ein Internet-Unternehmen erfolgreich umgesetzt werden soll. Sowohl Erfahrungsberichte im Netz als auch Berichterstattung in den Medien haben mir immer wieder gezeigt, wie schnell und wie oft Gründer an einer der in dieser Arbeit angesprochenen Probleme scheitern.

Rückblickend betrachtet denke ich, viele Schwierigkeiten, Konflikte und Firmenzusammenbrüche ließen sich vermeiden, wenn Unternehmensgründer, bevor sie mit ihrer Idee online gehen, ein umfassendes Kompendium zu allen in dieser Arbeit angesprochenen Fragen studieren würden. Sicher müssten in einem solchen Werk noch einige Aspekte zusätzlich berücksichtigt werden, die hier aus Platzgründen keine Erwähnung finden konnten. Dabei denke ich vor allem an effektives Internet-Marketing, anheuern von Werbepartnern und diverse Themen mehr. Wenn ausreichend Platz und Ressourcen vorhanden sind, sollten in eine wirklich umfassende Darstellung auch die betriebswirtschaftlichen Aspekte aufgenommen werden, die ich hier vernachlässigen musste.

Ein solches Werk, wie ich es mir vorstelle, ist mir bei der Recherche für diese Arbeit nicht begegnet. Man möge mich korrigieren, wenn mein Eindruck falsch ist, doch mir scheint, als würden in der gängigen Literatur immer nur einzelne von mir angesprochene Aspekte angesprochen, oder die Darstellungen haben einen sehr knapp gehaltenen Ratgeber-Charakter.

Ich denke, eine wirklich umfassende Darstellung über Hürden und Voraussetzungen des Internet-Handels wäre ein lohnendes Projekt, das dem deutschen Handel nur beflügeln kann.

Potsdam, den 4. November 2003

Literatur

Gedruckte Quellen

COHEN, Adam, The Perfect Store. Inside Ebay, London 2002.

Ebay-Deutschland-Chef Philipp Justus über Online-Auktionen per Handy, Risiken für Profiverkäufer und sicheren Handel im Netz, in: Der Tagesspiegel, 3. September 2001.

Einsatz von Shopsystemen für eCommerce-Anwendungen. Eine Praxishilfe zur Nutzung des Internet für kleine und mittlere Unternehmen (KMU), hrsg. vom Bundesministerium für Wirtschaft und Technologie.

GARSTKA, Hansjürgen, Informationelle Selbstbestimmung und Datenschutz. Das Recht auf Privatsphäre, in: Schulzki-Haddouti [Hrg.], Bürgerrechte im Netz, Bonn 2003, S. 48-70.

LIEDTKE, Dirk , Der eBay-Hammer, in: Stern, 28. Mai 2003.

PETRI, Thomas Bernhard, Kommerzielle Datenverarbeitung und Datenschutz im Internet. Lässt sich der internationale Datenhandel im Netz noch kontrollieren? In: Schulzki-Haddouti [Hrg.], Bürgerrechte im Netz, Bonn 2003, S. 71-91.

Rechtsfragen beim E-Business, in: e-facts. Informationen zum E-Business, hrg. vom Bundesministerium für Wirtschaft und Technolgie, Ausgabe 9/ Februar 2002.

SCHMIDT, Holger, Ebay ist Arbeitgeber für über 10.000 Menschen, in: Frankfurter Allgemeine Zeitung, 18. August 2003.

WIPPERMANN, Peter, Warum die New Economy gewinnen wird, in: Der Spiegel, 14. Oktober 2003.

Zahlungsverkehr im Internet, in: e-facts. Informationen zum E-Business, hrg. vom Bundesministerium für Wirtschaft und Arbeit, Ausgabe 13 / April 2003.

Internet-Quellen

CHIN, Paul, Push Technology: Still Relevant After All These Years? In: www.intranetjournal.com/articles/200307/pij_07_23_03a.html.

Der 29-Millionen-Dollar-Strafzettel, in: Spiegel Online, 8. August 2003, www.spiegel.de/netzwelt/politik/0,1518,260465,00.html.

eBay-Gebührenordnung, in: http://pages.ebay.de/help/sell/fees.html.

E-Payment: Zahlung im Internet - der Stand der Dinge, in: www.onlinemarketer.de/know-how/hintergrund/e-payment.htm.

FernAbsG: www.versandhandelsrecht.de/index.php?url=gesetze&gl[gesetzid]=5.

GUENTHER, Kim, What is Push Technology, 2000, in: www.darwinmag.com/learn/curve/column.html?ArticleID=43.

Online-Geschäftsmodelle. Besonderheiten und Versuch einer Einteilung, in: www.onlinemarketer.de.

PAngV: www.versandhandelsrecht.de/index.php?url=gesetze&gl[gesetzid]=17.

Teledienstegesetz: www.versandhandelsrecht.de/index.php?url=gesetze&gl[gesetzid]=15.

www.devis.de/deutsch/methoden/personalisierung.htm.

www.ebay.com.

www.ibusiness.de/shop/db/shop.0472hr.html.

www.internetrecht-rostock.de/checkliste.htm.

www.kecos.de, Glossar, Stichwort: Content-basierte Geschäftsmodelle im Internet.

www.kecos.de, Glossar, Stichwort: Geschäftsmodelle.

www.onlinemarketer.de/know-how/hintergrund/urheberrecht.htm.

www.tse-hamburg.de/Papers/Internet/Allgemeines/PushTec.html.

www.urheberrecht.org/law/normen/urhg/2003-09-13/text/bgbl_I_1774_01_01_p1-1.php.

www.zdnet.de/news/business/0,39023142,39116485,00.htm.